BEI GRIN MACHT SICH IHR WISSEN BEZAHLT

AF154695

- Wir veröffentlichen Ihre Hausarbeit, Bachelor- und Masterarbeit

- Ihr eigenes eBook und Buch - weltweit in allen wichtigen Shops

- Verdienen Sie an jedem Verkauf

Jetzt bei www.GRIN.com hochladen und kostenlos publizieren

Ramona Schilling

Die Novelle als Paradegattung und im medialen Kontext des Realismus

GRIN Verlag

Bibliografische Information der Deutschen Nationalbibliothek:

Die Deutsche Bibliothek verzeichnet diese Publikation in der Deutschen National-
bibliografie; detaillierte bibliografische Daten sind im Internet über http://dnb.d-
nb.de/ abrufbar.

Impressum:

Copyright © 2013 GRIN Verlag GmbH
Druck und Bindung: Books on Demand GmbH, Norderstedt Germany
ISBN: 978-3-656-71255-8

Dieses Buch bei GRIN:

http://www.grin.com/de/e-book/278547/die-novelle-als-paradegattung-und-im-
medialen-kontext-des-realismus

GRIN - Your knowledge has value

Der GRIN Verlag publiziert seit 1998 wissenschaftliche Arbeiten von Studenten, Hochschullehrern und anderen Akademikern als eBook und gedrucktes Buch. Die Verlagswebsite www.grin.com ist die ideale Plattform zur Veröffentlichung von Hausarbeiten, Abschlussarbeiten, wissenschaftlichen Aufsätzen, Dissertationen und Fachbüchern.

Besuchen Sie uns im Internet:

http://www.grin.com/

http://www.facebook.com/grincom

http://www.twitter.com/grin_com

Die Novelle als Paradegattung und im medialen Kontext des Realismus

Die Bestimmung des Begriffs „Realismus"

- Realismus allgemein: Haltung die das Wirkliche, Sachliche, Machbare, Maßvolle charakterisiert, relativer Begriff: Was real ist, ist Ansichtssache
- Sprachwissenschaft: Realismus bezeichnet Bedeutungstheorien, die Gegenständen Namen zuweisen, bzw. das durch Namen bezeichnete Gegenstände auch ohne Benennung existieren
- Geschichtswissenschaft:
  - Realismus im politischen Sinn → Macht geht von dem Mittelstand (das Macht und Wissen hatte) aus
  - Realismus ist von der Suche von Optimismus und Fortschrittsglauben
- Realismus ist Vermittler von Romantik und Naturalismus genauso wie er die Pole
  - Idee/Wirklichkeit
  - Sein/Schein
  - Oberfläche/Tiefe
  - Idealismus/Materialismus
  Miteinander vermitteln will

Epochenbeginn und Auslöser

- Epochenbeginn im Revolutionsjahr 1848 --> Zeitgenossen nahmen die bürgerlich-demokratische Revolution und die Folgen als Scheitern wahr
- Epochenübergänge wie immer fließend → Geschichte des Realismus schon ca. 1830 durch die französische Julirevolution und Tod Goethes
- Industrialisierung nach 1848 → Eisenbahnbau → 1866 alle größeren Städte sind durch Eisenbahn verbunden
- Schwerindustrie braucht Eisenbahn als Transportmittel
- Menschen fühlten sich in schnelllebiger Zeit → sichtbare Veränderung der Stadtbilder
- Sammeln, Restaurieren und Ausstellen von alten Gegenständen setzt ein → Verlustängste

Was macht die Kunstrichtung Realismus aus?

- Liegt zwischen der Epoche Spätromantik (Biedermeier) und Naturalismus
- Grenzt sich durch Kritik an romantisch – subjektiver Willkürlichkeit und dem spekulativen Idealismus (entpoetisiert/verwissenschaftlicht/pessimistisches Weltbild) ab
- Übergang zum Naturalismus durch Radikalisierung der Realismustendenzen bezüglich Weltanschauung/literarischen Techniken
- Unterteilung des Realismus in
  - Früh-, Hoch-, Blüte-, Spätrealismus
  - Historisch – ökonomischen Abläufen

- o Dichterpersönlichkeiten und regionaler Herkunft (Ist je nach Forscher sehr unterschiedlich eingeteilt)
- Kennzeichen der historisch künstlerischen Methode Realismus:
  - o Bestimmte Art und Weise der Erkenntnis der Wirklichkeit
  - o Art und Weise wertorientierter Interpretation des Lebens
  - o Art und Weise der Umgestaltung der Gegebenheiten des Lebens
  - o Art und Weise des Aufbau eines Systems von Bildzeichen in denen eine künstlerische Information fixiert und vermittelt wird

- Abwendung von Schein und Vergangenheit und Hinwendung zur Gegenwart
- Abwendung von Lyrik und Rhetorik → Hin zu schlichter Prosa, die Kunstcharakter nicht ausstellt
- romantische Literatur wie Märchen waren vom Themengebiet her schon poetisch, im Realismus sollte nun das selbe Ergebnis erzielt werden, nur mit Stoffen, die alltäglich und nicht poetisch sind und in denen das Wunderbare erst noch entdeckt werden muss
- Realismus läuft auf eine Entwirklichung heraus --> nicht Übereinstimmung eines Textes mit der Wirklichkeit, sondern Material aus der Wirklichkeit so zu verändern, dass es Kunst wird, Ästhetisierung
- in der Romantik soll man spüren, was in der Lebenswirklichkeit nicht da ist --> löst Sehnsucht aus und gibt Erfahrung des Wunderbaren und dessen was man sich wünscht
- Realismus gibt nicht einfach nur alltägliches wieder, Elend wird nicht dargestellt, sondern die nackte Realität wird in der künstlerischen Darstellung veredelt und ist so der Realität überlegen
- Einfache Erzählung → zumindest Anschein
- Kunstfertigkeit des Einfachen setzt Meisterschaft über Sprachen voraus
- Realismus ist die Epoche der Umgangssprache
- Kein Bildungswissen der Leser verlangt
- Bevorzugt Gattungen: Novellen, Prosa → Novelle als Paradegattung → beschäftigt sich mit trivialen Stoffen, Anspruch der Realisten, aus so einem Material etwas kunstvolles zu machen

Faktoren die zur Entstehung des Literatursystems Realismus beitragen
- Realismus als Epoche → Prinzip des Machbaren, Primat der Macht, Stärke und Interesse

Bevölkerungsboom
- 1830 bis 1900: zögerliches Wachstum und Beginn auf dem Land, Bevölkerungsboom vor allem ab den 60er Jahren durch die Industrialisierung in den Städten
- traditionelle Landwirtschaft kann Menschen nicht mehr ernähren --> Armut auf dem Land durch Mechanisierung der Textilindustrie und dem Ende des Heimarbeiterwesens --> Fabrikarbeitsplätze mit Niedriglöhnen
- durch Eisenbahn konnten günstiger Güter aus weiterer Entfernung geholt werden --> Unabhängigkeit von ortsansässigen Handwerkern, Eisenbahnsektor mit Eisen, Stahl, Kohle usw. aber auch Arbeitgeber

- sehr schlechte Arbeitsbedingungen in der frühkapitalistischen Industrie und soziale Bindungslosigkeit --> Auswanderungswelle
- dann aber Überwindung des Pauperismus und somit durch Industrialisierung eine Verbesserung der Lebensbedingungen
- Bevölkerungsboom durch hohe Geburten- und niedrige Sterberate vor allem in den Städten, weniger Seuchen und Kriege, Fortschritte in der Medizin, bessere hygienische Verhältnisse

Schichtendifferenzierung
- traditionelle Stände: Adel, Bürgertum, Bauern, vierter Stand zerbricht
- Übergang von Agrar- zur Industriegesellschaft
- Adel verliert Stellung mehr und mehr oder muss sich in die Gruppe der Unternehmer einreihen, adelige- und großbürgerliche Schicht beginnt sich zu vermischen --> von der Gutsherrschaft zur Gutswirtschaft
- Bürgertum (bisher Kaufmänner und Bildungsbürger) verliert traditionelle gesellschaftliche Bedeutung --> werden zu Unternehmern, Bankern, Wirtschaftsbürgern --> Bourgeoisie; Beamte und Bildungsbürger --> werden zur Mittelschicht des Kleinbürgertums --> Bürgertum fächert sich in verschiedene Gruppen auf
- Ausmaß der Bildung wächst
- Bauern mussten besseres Saatgut und neue technische Geräte finanzieren, was sich kleine Bauern nicht leisten konnten, dafür Wandel der Großbauern zu Landwirten
- auch Frauen arbeiten in den Fabriken
- politisch war die Stellung des Bürgertums auch um 1900 immer noch von Widersprüchen geprägt --> gesellschaftliche Stellung durch wirtschaftliche Erfolge zwar gesteigert, aber Adel und Großgrundbesitzer dominieren weiter die Politik
- Tempo des Wachstums bedeutete enorme individuelle und gesellschaftliche Herausforderung --> alte Anschauungen mussten aufgegeben werden, Verhaltensweisen und Anforderungen änderten sich, neue Familienformen entstanden, Zeit wurde auch als Belastung empfunden
- Gartenlaube konnte in dieser Zeit ein Publikum finden unter den Menschen, die ihre Ängste lieber zudeckten, um weiterhin an der Illusion ihrer schönen heilen Welt festzuhalten oder dieser zumindest mit Wehmut nachzutrauern

technische Erfindungen
- Dampflokomotive, Webmaschine, Dynamit, Kühlschrank, Schreibmaschine usw. --> Maschinenzeitalter, von der Dampfkraft zur Elektrik

Industrialisierung
- Mechanisierung bzw. Maschinisierung
- Generation der Gründer und Unternehmer
- Kapitalisierung der gesellschaftlichen Produktion

Medien

- Grundlage der Print- und neuer elektronischer Medien ändert sich --> Farbenlichtdruck bei Plakaten, Zylinderschnelldruckpresse bei Zeitungen/Zeitschriften, Setzmaschinen, Telegraf, Telefon, Fotografie, Grammophon, Radio
- boomartige Entwicklung des Zeitungsmarktes
- Journalismus als System --> Ausdifferenzierung der Zeitungsausgaben in Sparten und Ressorts (Leitartikel, politischer Teil, Lokalteil usw.); auch Ausdifferenzierung im gesamten Zeitungsgenre: verschiedene politische Zeitschriften, Wirtschaftszeitungen, Armeezeitungen, Heimatzeitungen, Regionalzeitungen, Professionalisierung des Journalismus --> Journalismus als Beruf und nicht nur Nebenjob der Schriftsteller
- Unterhaltungsdominanz von Familienzeitschriften und Illustrierten
  - ➢ Zunahme der Rundschau-, Fach- und Spezialzeitschriften: für eher kleines, elitäres Publikum mit politischen, wirtschaftlichen und kulturellen Themen; Fachzeitschriften für Industrie, Handel und Verkehr; Spezialzeitschriften im Sportbereich z.B. Turnen --> hatten oft nur eine kurze Lebensdauer, wurde aber durch Neugründungen kompensiert
  - ➢ Boom der Familienzeitschriften: waren DAS Unterhaltungsmedium der zweiten Hälfte des 19. Jahrhunderts, vor allem 50er bis 80er Jahre
    - → Familienzeitschriften wollten unterhalten, belehren und für alle sein --> spricht aber nicht die von Aufklärung, Bildung und neuen Geschlechterrollen geprägte Familie an, sondern an die Kleinfamilien der unteren Mittelschicht
    - → Zunahme von Freizeit durch Reduktion der Arbeitszeit
    - → keine Polemik, keine kontroversen Themen, kein Streit, sondern Konservativismus, Harmoniesucht und Trost im happy-Ende, keine Politik, keine Konfession, nichts Anstößiges
    - → Erzählungen und Fortsetzungsromane
    - → Liebe zum Vaterland, Biographische Skizzen, Schilderungen aus Heimat und Fremde, Aspekte aus Handel, Haushalt und Gewerbe, Märchen, Novellen, Poesie, Lebenshilfe, Rätsel, Humoristisches --> wichtig war Einfachheit, Überschaubarkeit, ausführliche Illustrierungen
    - → enger Kontakt mit dem Leser --> Berücksichtigung von Leserwünschen, Abdrucken von Leserbriefen
    - → mit steigender Auflagenzahl steigt auch das Honorar der Schriftsteller
    - → Gartenlaube war sehr günstig und so für fast jeden Haushalt erschwinglich --> billiger als Zeitungen
  - ➢ Boom von generellen Illustrierten: Spricht aufgrund der Bebilderung nicht nur Familien an, sondern reiche obere Mittelschicht oder auch ärmere untere Mittelschicht, wie Zeitungen, nur primär zur Unterhaltung gedacht, Nähe zur Tagespresse, aber mit Bildreportage und hebt sich so von Familienzeitschriften ab
    - → enorme Verbreitung von Witzblättern
    - → Flugblatt hat große politische Bedeutung
    - → Heftchen und Massenbuch im Kolportagevertrieb --> Buch wurde zum Heft zerstückelt und portionsweise mit anderen Medien wie Zeitschriften an die

Leser gebracht --> vor allem auch auf dem Land, da sie schlecht an Bücher herankamen
→ Niedergang der Buchkultur im Verhältnis zu den anderen Medien der Epoche --> Leihbüchereien; Buchmarkt wandelt sich zu Heftmarkt
→ im letzten Drittel des 19. Jahrhunderts gab es allerdings einen Leseboom; Buchbesitz als Statussymbol des Bildungsbürgers; für andere Menschen zu teuer
- Wichtige Gesichtspunkte wenn man Verhältnis von Literaturbetrieb und Lese(r)Öffentlichkeit zeigen will
  1. Produktionsebene: Schreibfarbiken, Familienzeitschriften, Autorstrategien
  2. Distributionsebene: Lesezirkel, Leihbibliotheken, Kolportagebuchhandel
  3. Rezeptionsebene: gestiegene Lesefähigkeit und das Unterhaltungsbedürfnis/Bildungsinteresse des Publikums
- Das literarische Publikum
  o 50% der Bevölkerung (Lohnarbeiter, Kleinbauern, Dienstboten etc) waren kaum Träger der literarischen Kultur
  o Literarisches Publikum Mittelstand und aufwärts
  o Entscheidende Entwicklung des Leseinteresses kommt den Gymnasien und höheren Schule zu

denkgeschichtliche Kontexte
- Erfahrung etabliert sich als erkenntnistheoretische Kategorie --> sammeln, beobachten, speichern von Daten vor allem in den Naturwissenschaften
- historisches Interesse --> Paläontologie, Wörterbücher zu Mundarten --> erinnerndes Erzählen dominiert die Literatur
- fortschreitende Säkularisierung --> führt zu Sinnkrise und der Frage, wie das Individuum seine Existenz sinnvoll interpretiert

Literatur und Fotographie
- Detailrealismus → literarische Nachahmung des Fotographieren
- Problem der realistischen Literatur: durch subjektive Wahrnehmungserfahrungen (Autor und Leser) sowie sprachlicher Grenzen, kann die Realität niemals 1:1 beschrieben werden → jeder stellt sich im Kopf Szenen anders vor
- => Realität kann nie Reproduziert werden, sondern ist ein anthropologisch/historisch/sozial beeinflusstes Bild
- Kritik: Autoren fanden Detailrealismus unrealistisch = Bedrohung der künstlerischen/künstlichen Reproduktion der Wirklichkeit
- Fotographie wurde durch technischen Fortschritt mehr und mehr Teil des privaten Lebens → „Demokratisierung des Porträts" → Menschen sahen sich selbst historische Größen
  ➤ Daraus bildete sich eine Erinnerungskultur → realistische Literatur konnte das nur bedingt erreichen
  ➤ Erinnerungskultur: Wenn sich ein Leser an die beschriebene Situation als selbst erlebt erinnert, so ist das real

- ➢ Fördert die Freude am Wiedererkennen
- ➢ Konnte Dinge sichtbarmachen, welche die Literaturbeschreibungen vergaßen
- poetisch – programmatische Realismus grenzt sich zum fotographischen Realismus ab, in dem er zeigen soll, wie Menschen sein müssen, nicht sind. Er soll das menschliche Verhalten zeigen → „Hinter die Fassade schauen"
- Für Autoren war Fotographie keine Kunst mehr sondern Handwerk, da sie nicht zwischen wichtig und unwichtig unterscheiden kann
- je erfolgreicher die Fotographie ihre Bilder als Kunst bezeichneten, desto mehr grenzte sich die etablierte Kunst ab

Literatur und Bilder

- Bruch mit Traditionen --> Nachahmung, Abbildung der Wirklichkeit --> Neue Orientierung an der Wirklichkeit in der Kunst des 19. Jhd.
- „realistische Wende" in der Kunst → Künstler wenden sich Themen auf der Straße zu (Industrie, Großstadt), Banales, Alltagsszenen werden gemalt → z.b. Gustave Caubert: Die Steineklopfer
- idyllische Naturszenerie in vielen Details, Kleinigkeiten im Vordergrund --> Gewaltsamkeit und Beschönigung in Kunst und Literatur
- Konzentration auf etwas Normales, Alltägliches und bearbeitet dieses bis es ein Kunstwerk ist

→ Wie wirkt sich das auf dt. Literaten aus?
- Bilder wirken auf dt. Autoren → ganz detailgetreue Darstellung
- Neuartiges Streben nach Genauigkeit (Fontane)

bürgerlicher Realismus
- im Vordergrund steht klein- oder großstädtisches bürgerliches Leben
- Bürger sind meist die Leser
- Bürgertum wird zum Träger der materiellen und moralischen Macht und zum Motor für die Modernisierung des Staatswesens → Aristokratie und Bauernstand sind Trümmer der alten Gesellschaft
- sozial-historische Perspektive steht im Mittelpunkt → Bürgertum war maßgeblich für die Entwicklung der Literatur

poetischer Realismus
- Poetisierung realer Materialien in Kontrast zur Romantik

medialen Kontext des Realismus
Zeitschriften und ihr Publikum
- in der zweiten Hälfte des 19. Jahrhundert entwickeln sich neuartige Zeitschriftentypen --> illustrierte Zeitschriften und Familienzeitschriften
  - ➢ seit 1833 in Leipzig von J.J. Webers das Pfennig-Magazin herausgegeben --> Wochenschrift nach dem Vorbild des englischen Penny-Magazine mit

zunächst einfachen Holzstichen zur Illustration(Illustrirte Zeitung, Fliegende Blätter, Gartenlaube, Illustrirte Welt, Über Land und Meer, Illustrirtes Familienjournal, Daheim)

- Konzept zielte auf Unterhaltung und Belehrung, beinhaltete auch eine gewisse volkserzieherische Zielsetzung
- Neuerung: war zwar auf eine bestimmte Zielgruppe (Familie) ausgerichtet, aber alle Altersstufen, Männer und Frauen und theoretisch alle Schichten sind eingeschlossen --> vor allem aber auf bürgerliches Lesepublikum zugeschnitten
- Gartenlaube vor allem gelesen von Handwerkerhaushalten, Kaufleuten, kleinen Beamten und Lehrern und vor allem von Frauen und Töchtern
- Kunstzeitschrift wendet sich im Gegensatz zur Familienzeitschrift an Intellektuelle und kulturell interessierte Gruppen
- Ausrichtung auf Familie zeigt wie wichtig die Institution Familie war --> emotionale Einheit, stabile Zelle der staatlichen Ordnung, Bollwerk gegen die Anfechtungen der Zeit
- um 1800 besaßen nur ca. die Hälfte aller Kaufleute in Frankfurt ein eigenes Buch; bis zur Jahrhundertmitte vor allem religiöse Erbauungsliteratur, Reisebeschreibungen, naturwissenschaftliche Werke und Klassiker, erst danach gehobene und Trivialliteratur und Familienjournale
- Bildungsbürgertum und Gebildete hatten andere Zeitschriften
- auch Frauen der gebildeten Schicht waren Leser der Familienzeitschriften, was sich aus den Leserbriefen bei Haushaltstipps ablesen lässt
- Gartenlaube war weniger auf Haushalt und Wirtschaftsführung ausgerichtet
- Vorläufer erschien 1708 unter dem Namen Moralische Wochenschrift
  - o Bis auf leichte Verschiebungen der Themenschwerpunkte glich der Inhalt schon sehr einer Familienzeitschrift
- Wie die GARTENLAUBE war sie gerichtet an Bürgertum, Familie, Frauen
- Inhalte/Zweck (wenn auch sehr optimistisch) waren
  - o Aufklärerischer Reformwille
  - o Allgemeine Bildung
  - o Unterhaltend Belehren (zum Teil der Sittlichkeit)
  - o Popularisierung der wissenschaftlichen Erkenntnisse
- Sprache war volkstümlich – gemeinverständlich, Sprachtendenzen des Realismus
  - o Abbau des übertreibenden Stilprinzips
  - o Weniger Extrem-, empfindsam/enthusiastisch und gebildet/geistreicher Wortschatz
  - o Tendenz zur sachlich - konkrete Beschreibung
  - o Hochpoetisch ungewöhnliche Komposita werden verworfen
- Ziele des Gründers (Ernst Keils)
  - o Organ für Volksaufklärung auf naturwissenschaftlichen Gebiet
  - o Soll Familienleben und Vaterlandsliebe fördern
  - o Novellen aus dem Themenkreis der vaterländischen Geschichte und des neuen Volkslebens und „Schilderungen, besonders interessante Sitten, Gebräuche und Zustände deutscher und fremder Völker"

- GARTENLAUBE war, wie auch die Autoren, eine sehr liberale Zeitschrift
  - o Glaubte an die Vernunft und an den Sieg des Guten
- Erstes Erscheinen Januar 1853, gegen Ende 1853 schon eine Auflage von 6000 Stück
- 1876 über 400.000 Abos, konnte Sie sich leisten zunehmend politischer (liberaler) zu werden
- 1863 wurde sie wegen eines ungeschickten Artikels in Preußen verboten, 1866 in Sachsen
- GARTENLAUBE spiegelte den ungebrochenen Enthusiasmus des Fortschrittsgedanken dieser Zeit wieder, und veröffentlichte auch Artikel über aktuelle Forschung (z.b. Darwins Vererbungslehre)
- Um dies zu transportieren, wurden mehr und mehr Bilder und Metaphern eingesetzt
- Die meisten Artikel sollten den Leser beruhigen
  - o Während des Krieges ein Artikel über verbessertes Sanitätswesen
  - o Böses und tragisches wurde verharmlost
- Dieses Konzept änderte sich nicht mehr, die Welt um die Gartenlaube aber schon
  - o Politischen Ziele (Reichsgründung) war erreicht
  - o Wirtschaftliche Ziele überwogen die ideellen
  - o Durch die Flut der verschiedenen Zeitschriften schlossen sich diese zusammen unter der „Union Deutsche Verlagsgesellschaft"
- Ende der GARTENLAUBE 1944
  - o Weltgeschehen änderte sich schnell, die Artikel aber nicht

Erfolg

- Zeitschrift enthielt auch sehr viele Bilder --> technische Entwicklungen und Erfindungen innerhalb der Drucktechnik
- Kunst und Kultur waren in Form von illustrierten Büchern, Zeitschriften, Almanachen, photographischen Alben und Mappenwerken vertreten
- Kunst der Gründerzeit reagiert auf den Zeithaushalt des Publikums --> keine große Abendländische Malerei, die sich dem schnell Vorübereilenden nicht erschließt, sondern schnelle und leichtansichtige Genre-, Blumen- und Figurenstücke
- Gartenlaube liefert unkomplizierte, leicht begreifbare Kunst
- Themen eignen sich zum Ausgleich eines zunehmend durch den Einfluss der technisierten Welt ins Wanken geratene instabile Lebensgefühl --> Darstellungen von unberührtem Landleben und der Familie als Ort der Sicherheit und Stabilität
- auch Erfahrungen des Reisens, des Abenteuers und der Exotik konnten vom sicheren Platz zu Hause betrachtet werden
- fremde Gegenwelt wurde auch gezeigt, aber entschärft und zensiert --> kleiner Schauer war gewünscht, aber ernsthafte, kritische Beunruhigung nicht

Der Leipziger Verleger Ernst Keil und seine „Gartenlaube"

- Novellen sollten positiv auf die Gemüter der Leser wirken aber auch zu Selbstzucht du Tatkraft ermuntern
- Inhalte der Novellen (Inhalte wurde von Ernst Keil definiert)

- o klare Anschauungen über soziale Verhältnisse und politische Bedürfnisse in Stadt und Land, Höhen und Tiefen des Lebens
- o Familienleben mit Schwerpunkt volkstümliche Moral gegen Unsitten und Vorurteile, die das Eheglück und gesundes Familienleben gefährden
- Keil konnte aufgrund von Staatsüberwachung keine politisierenden Artikel veröffentlichen --> versuchte seine Botschaften durch Empfindungen des Lesers zu transportieren
- politisch setzte sich Keil für ein vereinigtes Deutschland ein
- Immer wieder waren Novellen der Gartenlaube Sprachrohr, um politisch zu kritisieren

Die Ursprünge der modernen Medienindustrie
Entwicklungsbedingungen des Zeitschriftenmarktes
Sozial – ökonomische Voraussetzungen
- Gewerbefreiheit von 1869 führte zu einem explosiven Wachstum der Zeitschriften
- Ab 1870 differenzierten sich viele Zeitschriften mit unterschiedlichen Ausgaben um Steuern zu sparen. Die Gartenlaube hatte Auflagen:
  - o wöchentlich
  - o 14 – tägig
  - o monatlich
- Teilweise unterschieden sich die verschiedenen Auflagen, je nach Zeitschrift, auch im Layout
- Der Zeitschriftenmarkt entwickelte sich zum Massenmarkt und mit ihm ein ganzes Berufsfeld mit unterschiedlichen Berufen
  - o Redakteur
  - o Lektor
  - o Korrektor
  - o Werbetexter
- Gehälter waren besser bezahlt als bei Buchverlagen
- Gesetze/Regeln/Steuern der Tagespresse galten auch für die Zeitschriften
  - o Zensur/Bestrafungen wurde durch die Polizei geregelt
  - o Zeitungen musste genehmigt und eine Kaution bei Gründung hinterlegt werden um eventuelle Strafen zu zahlen
- Vertrieb der Zeitungen nur mit der Post möglich (Postzwang) ab einem Bereich von 15km
  - o Daher ist Berlin die Hauptstadt der Zeitungen geworden ->Rasches Bevölkerungswachstum + jede Vertriebsart war möglich
- Vertriebswege: Bestellt wurden Zeitungen (in Abos) per:
  - o Post: Die Poststelle gab dem Verlag nur an wie viele Exemplare sie benötigt
  - o in Buchläden, auch der gab nur an wie viele Exemplare er benötigt
  - o per Kolportage: sowas ähnliches wie Zeitungvertreter
  - o Nachteil von Buchladen/Post: Die Verlage hatten keinen direkten Kontakt und somit auch kein Feedback vom Kunden
- Entwicklung von Straßenverkauf

- Zuerst trauten sich die Zeitungen nicht, da sie anonyme Passanten ansprechen mussten
- Entwicklung des Sandwichmen durch die Welt am Montag
- Straßenzeitungsthemen: Situationen, Wahrnehmung der Großstadt
- erste Zeitungsautomaten werden aufgestellt (beinhalten meist liberale Blätter)
- Der Ausbau der Verkehrsnetze beschleunigte den Zeitungsverkauf da diese an diesen „Hot Spots" besonders gern gekauft wurden.
  - Auch teurere Zeitungen konnten an Bahnhöfen verkauft werden (Reisende zahlten viel)
- Zeitungskiosk -> Weiterentwicklung des Straßenverkäufers (gegen Wetter) geschützt
  - konnte vielfältigeres Angebot verkaufen
  - auch Essen & Trinken
  - Dadurch kam es zu ersten extra auf diesen Verkaufsweg konzipierte Zeitungen (Berliner Illustrierte Zeitung) mit einem unglaublichen Erfolg

Familienzeitschriften

- Name Familienzeitung impliziert die Utopie der vereinten Familie
  - sollte explizit für Handwerker und Frauen leicht verständlich sein
  - nicht belehrend sondern populär sein
- Die Gartenlaube war die erste die ein heterogenen Kundenstamm hatte
- Gartenlaube ist der erfolgreichste Ur-Typ (liberal gerichtet)
  - Es gab noch „Daheim" (protestantisch-religiös gerichtet)
  - Markenzeichen: Romane, welche sich über mehrere Ausgaben ziehen
  - Gartenlaube ist mit am billigsten
- Daheim: christliche Familienzeitschrift , bewusst gegen die Gartenlaube gerichtet, aber gleicher Inhalt
- Jeder Autor der Rang und Namen hatte, schrieb für die Zeitungen
- Angesichts hoher Bücherpreise konnten die Familienzeitschriften mit ihren belletristischen Texten eine Marktlücke füllen:
- Texte und Autoren der Gartenlaube wurden mit der Zeit immer hochkarätiger und zeigten einen Wandel des Blattes von liberal-fortschrittlichen zum national-liberalen Familienblatt weiter zur politisch eher zurückhaltenden Frauenzeitschrift
- Die Geschichten allgemein musste mit „gesicherten" Erzählmitteln (keine komplizierten literarischen Experimente) geschrieben werden, um eine populäre Kommunikation mit weniger gebildeten zu ermöglichen

Familienblattmoral

- moralisches Programm verbot alles politische und erotische
- somit war gewährleistet, dass jedes Familienmitglied die Zeitschrift lesen konnte
- Verlage gaben dem Mordernisierungsdruck nach und lockerten die Regeln für sexuellen Anspielungen und politische Kritiken
  - Konservative waren über dies sehr empört
  - Kirche sieht in diesem Umgang mit Erotik das Hauptzeichen der modernen realistischen Schule

o   Verloren aber dadurch viele Abonnementen
- Viele Familienblattredaktionen befanden sich auf einer Gratwanderung: einerseits konnten sie sich den Entwicklungen der modernen literarischen Öffentlichkeit nicht entziehen, andererseits mußten sie die Wünsche der traditionellen Leser und Kritiker berücksichtigen
- Kritik: Die komplette Literatur ist auf die Familientochter ausgerichtet, damit sie keine unmoralischen Entscheidungen trifft, es wird zwar von Liebe/Verloben geredet, aber nicht wie man eine gute Ehe führt

Jugendzeitschriften
- Einen großen Teil der Inhalte machten Prosatexte aus: Erzählungen, Novellen und Biographien waren besonders beliebt, kleinere und größere Sachtexte zu verschiedenen Wissensgebieten ergänzten das Repertoire

Frauenzeitschriften
- Unterscheidung in
  o   Modezeitschriften (teilweise exklusiv) werden aber immer weniger
  o   schlichter gestaltete sog. Hausfrauenzeitschriften, die sich vor allem dem praktischen Alltagsleben widmeten → waren beliebter
  o   Grund: Zeitschrift war extrem billig

Witzblätter
- nicht unterscheidbar zwischen Spaß und politischer Satire
- Entweder überwiegend mit Bildergeschichten oder einzelnen, künstlerischen Bildern
- wurden im Laufe ihrer Entwicklung erotischer und poltischer aggressiver → Hauptkritikpunkt
- War hauptsächlich bei der Jugend beliebt
- Verbreiteten sich schnell, da sie als erstes Einzel – und Straßenverkäufe tätigten

Romanzeitschriften
- Besonderheit der *Bibliothek der Unterhaltung und des Wissens*: Erschien in schon fertig gebundenen Büchern.
- Inhalt: 1/3 Fortsetzungsromane, 2/3 abgeschlossenen Romane → auch einzeln sinnvoll
- relativ Konkurrenzlos

Situation des Schriftstellers
- doppelt so viele Berufsschriftsteller im Vergleich zu 1800
- Autoren waren (wirtschaftlich) gezwungen „das Interessante" zu bedienen, also das zu schreiben „was den meisten Beifall" gab → das Publikum wollte unterhalten sein →erfolgreichster Autor dieser Zeit; Walter Scott ☺
- Neuer Beruf: Literaturagenten → betreuten Agenten, vermittelten Manuskripte
- realistische Autorschaft grenzte sich vom Berufsschriftstellertum ab
- Autoren:

- o fühlten sich teilweise einem großen Druck von Verlegern und Herausgebern ausgesetzt
- o alles war auf Produktion ausgelegt → zum Teil nicht mal Zeit für sorgfältige Überarbeitung
- o musste auch normalen „Brotberufen" nachgehen
- Kommerzialisierung des literarischen Lebens wurde kritisiert/beklagt → Schriftsteller konnten sich aber wegen dem Geld dem nicht entziehen
- Autoren entwickelten selbst Marktstrategien → Mehrfachverwertung
  - o Veröffentlichung in mehreren Zeitschriften/als Romane
  - o nachträgliche Überarbeitungen der Texte
  - o erst als Einzelveröffentlichung, dann in Sammelbänden

Die Novelle

- Realismus ist von der Novelle geprägt
    - Neue Veröffentlichungsbedingungen
    - Expandierender Zeitungs- und Zeitschriftenmarkt → kurze Prosatexte wurden gefordert, die an Tagesthemen angepasst sind
    - Autoren verfassen verstärkt Novellen, orientieren sich an den Marktbedingungen → man konnte mit Novellen gut verdienen → Honorar für Zeitschriftenabdruck höher als Buchveröffentlichung
- Schattenseiten → schnell konsumierbare Tagesware wird von Autoren abgefasst → Verflachung und Qualitätsmilderung der Novelle durch Zeitungen
- Aber auch Meisterwerke sind entstanden → Qualitätsunterschiede bei Novellen

Wortherkunft

- Wortherkunft: Juristische Terminologie
- Im Italienischen: Neuigkeit
- Eine sich ereignete unerhörte Gegebenheit
- Charakteristikum des Neuen, Novelle stellt etwas dar, was sich ereignet hat oder was sich ereignen könnte (im Gegensatz zum Märchen) → Merkmal von eingeschränkter Gültigkeit, gibt romantische Novellen, die fantastische Ereignisse in den Mittelpunkt stellen
- Einsträngige und straffe Handlung --> Form der Novelle steht im Gegensatz zur Lebenswelt bzw. wie die Lebenswelt erfahren wurde, Lebenswelt in der Novelle erscheint geordnet
- Raffung der Handlung (Erzählzeit < erzählte Zeit)
- Nähe zum Dramatischen --> Storm: "Die Novelle ist die Schwester des Dramas"
- Paul Heyse: Novellentheorie: erklärt Falken zum Gattungsmerkmal (aus Boccaccio) → die Handlung strukturierendes Leitmotiv, Grundmotiv, spezifisches jeder Novelle, etwas das ihre Eigenart ausmacht, das sie von anderen unterscheidet
- Funktion der Novelle nach Goethe: Historizität, Lebensnähe, Neuheit → musste sich ereignet haben und bis dato unerhört sein
- Funktion der Novelle nach Tieck, Wendung der Geschichte/geschlossener Konflikt/"Vorfall" verursacht kontinuierliche Spannung → Unterschied zur Tragödie/Roman: Novelle bleibt in der möglichen Wirklichkeit des Leser

Kennzeichen der modernen/realistischen Novelle in Abgrenzung von Boccaccios „Decamerone"

- Zyklische Form der Sammlung → insgesamt 100 Erzählungen, 10 am Tag
- Flüchtlinge, die sich vor der Pest aufs Land gerettet haben und dort die Realität vergessen wollen
- Prinzip der Rahmung → auch realistische Novellendichter haben ihre Novellen so eingebettet (mit anderer Rahmenhandlung)
- Zeit, Ort und Umstände werden nur knapp angegeben, Handlung dominiert → bei charakteristischer Novelle → häufig detaillierte Beschreibung von Landschaft und Orten

- Es interessiert die alltägliche Psyche, nicht die pathologische Innenwelt

Paul Heyse: Falkentheorie
- ausgehend von Boccaccios berühmter Falkennovelle --> verliebter, aber verarmter Ritter serviert seiner Geliebten seinen einzigen Besitz einen Falken zum Essen, diese wollte ihn eigentlich für ihren kranken Sohn erbitten, da er ohne diesen sterben müsste, Geliebte erbt das Vermögen, heiratet Ritter und dieser hat das Ziel seiner Wünsche erlangt
- Besonderheit, die in jeder Novelle da sein müsste --> ist in vielen Novellen auch so
- Dingsymbol (auch Falkenmotiv) --> leblose Gegenstände, Tiere oder Pflanzen, die in einem literarischen Werk als Symbol oder Sinnbild eine zentrale, leitmotivische Rolle spielen und somit tiefere Sinnzusammenhänge abbilden

Charakteristika der Novelle
1. Relative Geschehensarmut
2. Neigung zu alltäglichen Stoffen (keine Fabelwesen, keine historischen Ausnahmefiguren)
3. Spannung zwischen scheinbar schlichtem Erzählen und kunstvoller Form → Indirekte Psychologisierung (Erschließung des Inneren durch Motive und Symbole, Tabuthema: Fragen der Sexualität)
4. Zentral: Konflikt zwischen Einzelnem und Gesellschaft, aber häufig entschärft/ohne tragische Katastrophe Grundstimmung Entsagung und Resignation
5. Rahmung der Novellen --> geschieht immer über die Struktur einer Rahmung der eigentlichen Geschichte, Differenz zwischen Rahmensituation und Binnengeschichte
6. Realitätskompatibilität (Kausalität) --> was erzählt wird, muss in unserer Lebensgegenwart möglich sein (wenn auch nicht wahrscheinlich), man muss immer verstehen, warum das geschieht was geschieht, Gründe dafür müssen für den Leser nachvollziehbar sein
7. Symbolik --> Alltägliches hat symbolische Kraft im Text, etwas, das in der realen Welt keinen Sinn hat bekommt im Text poetischen Sinn (z.B. Kaktus, der einen Mann imitiert und eine Blüte hat)
8. Gegenwartsbezug (zeitlich, räumlich) --> (Ausnahme: Mayer) --> beziehen sich auf die Zeit, in der sie publiziert werden räumlich und zeitlich, wenn Binnenerzählung nicht in der Gegenwart ist, wird dies über die Rahmung herangezogen
9. Verklärung/Humor --> Am Ende der Geschichte wird irgendeine Versöhnung gezeigt, ein sich Abfinden wird möglich, Humor bedeutet nicht unbedingt, dass es lustig sein muss, Humor bedeutet, dass man damit gelassen umgehen kann (z.B. wenn etwas Schmerzliches ganz lang vorbei ist, kann man sich arrangieren)

Verklärung
- Verschönerung der Welt → stimmt nicht ganz
- Weißt auf Abstand zwischen realer und im Werk bestehender Welt hin

- Nicht Fälschung der Gegenwart → durch Verklärung wird nicht sichtbares hervorgebracht → wahres Wesen wird sichtbar → Pflicht des Poeten das Gegenwärtige zu verschönern
- Verklärung meint den künstlerischen Akt, der Realität in Kunst überführt
- Das Ideale soll im Realen sichtbar gemacht werden
→ Grundproblem: verschiedene Auffassungen was Realität ist
→ Verklärung trennt und reguliert das Verhältnis von Dichtung und wissenschaftlichen Diskurs
→ Verklärung kann bezeichnen
    o Art der Konfliktlösung
    o Präsentation von Alternativmöglichkeiten
    o Suchweg nach den „besten" Zeichen

Humor
- Mittel der Verklärung
- Missstände sollen durch den Humor angesprochen aber nicht zu stark kritisiert werden
- Bemühung nicht in plumpen Realismus zu verfallen; Schattenseiten sollen poetisch dargestellt werden → Kritik wird mit einer versöhnlichen Geste realisiert, die auch resignative Züge tragen kann
- am Ende einer Geschichte überwiegt nicht der Schrecken über Grausamkeit, sondern eine Versöhnung oder das Lachen → böse Buben von Korinth
- Humor der Entlarvung
    → grotesk-komische Variante des realistischen Humors z.B. bei Wilhelm Busch, wenn Autoritätspersonen dem verantwortungsvollen, pflichtbewussten Mitbürger überhaupt nicht entsprechen, sind dumm und ungeschickt, lächerlich und verschlagen; zwischenmenschliche Beziehungen sind nur Macht- und Konkurrenzverhältnisse , bei denen jeder auf seinen Vorteil aus ist
- Humor der Versöhnung
    → Blick auf die Verhältnisse, der so sehr "mit der Schönheit vermählt ist, dass er das nebenherlaufende Hässliche, das nun mal zum Leben gehört, verklärt" [Fontane] → wie bei Immensee: ruft vergangene Sehnsuchtsorte auf, die zwar einerseits schmerzliche Lebenserfahrungen des Protagonisten sind, aber auch so wichtig für ihn, dass sie dauerhaft im Gedächtnis bleiben und er mit seiner Lebensgeschichte versöhnt scheint
- keine Ironie

Epochenkennzeichen
- Immer mit Vorsicht zu betrachten → viele unterschiedliche Novellen
- Nicht jede realistische Novelle weiß die genannten Kennzeichen auf → große Unterschiede → sinnvoll: Epochenstil und Individualstil unterscheiden → jeder Text weißt Merkmale beider Stile auf
- es gibt Novellen die sich mit dem Märchenhaften beschäftigen (Keller, Raabe, Storm), dem Spukhaften (Halm, Storm, Saar), dem Idyllischen (Storm), dem Historischen

(Meyer), dem Gesellschaftlichen (Keller, Fontane, Saar) und dem Psychologischen (Heyse)

Die Dorfgeschichte

- Bekanntester Autor: Berthold Auerbach: Schwarzwälder Dorfgeschichten
- Berufliche Welt der Protagonisten und Natur spielen eine Rolle
- Regional gehalten
- Kleinere Erzählung über Leben im Dorf, gesellschaftliche Realität im Kleinformat
- Kleinbürgerliches Leben im Dorf und Leben im zugehörigen Herrschaftssitz
- Es geht ums bäuerliche Leben im Dorf
- Überschaubare Erzählstruktur
- Realitätsnahe Sprache → Dialekte
- Bezeichnend für Realismus, dass es um Gesellschaft geht, die im 19. Jhd. mehr und mehr in den Hintergrund tritt, entgegen der modernen Globalisierung
- Nach 1848 wird die Dorfgeschichte entpolitisiert (davor auch Fabrikarbeiterdorf) → triviale der Dorfgeschichte wird wahrgenommen
- Dorfgeschichte hat Einfluss auf Heimatroman und Novellistik des poetischen Realismus
- Realisten nahmen Impulse der Dorfgeschichte auf, obwohl die sentimentale Idyllik und der wenige Detailreichtum kritisiert wurde, aber der "Volkston" blieb bei Realisten beliebt

Theodor Storm (1817 - 1888): „Immensee" (1849)

- vermutlich entstanden 1849 in Husum --> prototypisch für Storms frühes Novellenschaffen, enthält viele Merkmale der frühen Novellistik
- Musternovelle → wenige Figuren, nicht prozesshaft aufgezogen sondern in typischen Einzelszenen
- Auch bei zeitgenössischer Leserschaft sehr populär
- zuerst veröffentlicht in einem Volksbuch
- zweite Fassung in einer Sammlung eigener Texte ein Jahr später mit Überarbeitungen
- Erzählung beginnt aus der Distanz geschildert --> ein Mann kommt abends im Herbst nach Haus und setzt sich hin, Blick des Mannes fällt auf Bild an der Wand: Portrait eines Mädchens
- in erster Linie werden Episoden aus der Kinderzeit geschildert, Kinderliebe zwischen Reinhart (10) und Elisabeth (5), Studienzeit von Reinhart (17 +), frühe Erwachsenenzeit wenn Elisabeth mit einem anderen Verheiratet ist und sich endgültig trennen muss --> aus Außenperspektive von Erzähler geschildert
- Erinnerungsperspektive findet sich häufig, bei Storm besonders ausgeprägt
- Das Entscheidende wird nicht Erzählt → Lücken in der Erzählung, Gefühle Werners werden ausgespart
- Traumerzählungen auch im Realismus, aber psychisches Innenleben wird nicht stark thematisiert, eher das Außenleben, trotzdem erhält man auf indirektem Weg Aufschluss darüber

<u>1. Rahmung der Novellen</u>
- „Wie er so saß, wurde es allmählich dunkler; endlich fiel ein Mondstrahl durch die Fensterscheibe auf die Gemälde an der Wand und wie der helle Streif langsam weiterrückte, folgten die Augen des Mannes unwillkürlich. Nun trat er über ein kleines Bild in schlichtem schwarzem Rahmen. „Elisabeth!", sagte der Alte leise und wie er das Wort gesprochen, war die Zeit verwandelt - er war in seiner Jugend."
- Gegenwart des alten Mannes, der durch Zufall, weil Mondeslicht (kalt, nachts) auf das Gemälde fällt mit einem Mädchen aus seiner Jugend, wird zurückversetzt in seine Jugend, lange Geschichte folgt zwischen Reinhard und Elisabeth mit Lücken werden Augenblicke ihrer Kinder und Jugendzeit erzählt und am Ende kommt wieder der alte Mann
- Rahmen wird abgeschlossen (manchmal wird dies aber auch nicht gemacht): „Der Mond schien nicht mehr in die Fensterscheibe, es war dunkel geworden..."
- bei der Schließung der Rahmenhandlung wird klar, dass Reinhard außer seiner Dienerin Brigitte keine Frau mehr in seinem Leben hat; er beschäftigt sich, wie in seiner Jugend mit Literatur, vielleicht Grund, warum es mit Elisabeth nicht geklappt hat?
- Binnengeschichte nicht in der Ich-Form sondern der 3. Person erzählt --> Binnengeschichte subjektiv aus Reinhardts Sicht aber grammatisch gesehen von einem auktorialen Erzähler, wie glaubhaft ist das Erzählte?
- „[...] diese blasse Hand verriet ihm, was ihr Antlitz ihm verschwiegen hatte. Er sah auf ihr jenen feinen Zug geheimen Schmerzes, der sich so gern schöner Frauenhände bemächtigt, die nachts auf krankem Herzen liegen." --> wenn auktorialer Erzähler

dahinter steht, kann man annehmen, dass Elisabeth in ihrer Ehe mit Erich unglücklich ist, wenn es subjektive Erfahrung ist, dann ist das nicht mehr wahr, sondern Reinhardt will das so sehen

- > es ist literaturwissenschaftlich offen, wie die Novelle zu lesen ist, es kommt auf die Nicht-Klärbarkeit an

2. Realitätskompatibilität (Kausalität)

- Mutter von Elisabeth hat gewollt, dass sie Erich heiratet --> kann sie besser versorgen mit seinem bodenständigen Beruf als Reinhardt --> Lied: Meine Mutter hat's gewollt
- Lücken in der Kausalität, weil viele Dinge nicht erklärt werden oder der Leser nur nebenher erfährt, dass etwas Bestimmtes Geschehen ist; man erfährt nie wirklich, warum Reinhardt sich zwei Jahre nicht bei Elisabeth meldet und warum es nichts zwischen ihnen geworden ist --> Vermutung, dass es an der Mutter liegt durch das Lied, wird aber nichts explizit gesagt
- Distanz von Reinhardt aus und nicht von Elisabeth --> Reinhardt ist Dichter und Elisabeth ist für ihn als Motiv für seine Dichtung wichtig: „Reinhardt hatte aber doch etwas gefunden; waren es keine Erdbeeren, so war es doch auch im Walde gewachsen. Als er nach Hause gekommen war, schrieb er in seinen alten Pergamentband" --> findet zwar keine Erdbeeren, dafür aber Inspiration für ein neues Gedicht
- Reinhard steht als Dichter im Gegensatz zur bürgerlichen Gesellschaft
- nichts was in der Novelle passiert ist in unserer Lebenswirklichkeit unmöglich
- es werden Episoden aus vergangenem Alltag erzählt, nicht besonders spektakulär → eigentlich soll Krise dargestellt werden → Konflikte bleiben unausgesprochen (weder Figuren, noch Erzähler reden davon) → werden trotzdem deutlich

3. Symbolik

- schon in der Kindheit von Elisabeth und Reinhardt deutet sich an, dass es nicht klappen wird mit beiden
- „[...] und als Reinhard endlich seine Bank zustande gebracht hatte und nun wieder in die Sonne hinaustrat, ging sie schon weit davon am andern Ende der Wiese" --> hat so lange gebraucht, dass sie weg ist
- Erdbeerszene: Reinhardt verspricht dem Mädchen Erdbeeren zu finden, doch sie finden es nicht --> Ersatz ist das Heidekraut, das man aber nicht essen kann; Erdbeeren sind ein Erotiksymbol (Hieronymus Bosch --> Garten der Lüste), wenn Elisabeth Erdbeeren versprochen werden und sie bekommt diese von Reinhard nicht, bedeutet das, dass sie nicht zusammen sein werden
- Vögel: Reinhardt hat ihr zum Abschied einen Hänfling geschenkt, ein relativ Schmuckloser Vogel, der stirbt (zeigt, dass die Liebe zwischen beiden nicht gutgehen kann) und Elisabeth hat dann einen (goldenen) Kanarienvogel von einem Freund Reinhardts bekommen, den sie auch später heiratet --> „Ich kann den gelben Vogel nicht leiden" --> Rivalität zwischen Erich und Reinhardt, obwohl sie als Freunde bezeichnet werden

- als Reinhardt sich für zwei Jahre verabschiedet sagt er zu Elisabeth „Ich habe ein Geheimnis, ein schönes [...], wenn ich nach zwei Jahren wieder da bin, dann sollst du es erfahren" --> weder Elisabeth noch der Leser erfährt jemals, was er sagen wollte, aber wahrscheinlich ist ein Liebesgeständnis mit Heiratsversprechen, Reinhardt kann sich aber in diesem Moment nicht ausdrücken --> Reinhardt hält nicht wie versprochen den Kontakt mit Elisabeth und als er zwei später wieder kommt, ist Elisabeth mit Erich verheiratet
- Erich arbeitet in einer Spritfabrik --> das unliterarischste was man sich denken kann, im Gegensatz zu Reinhardt, der sein Geld mit Geschichten verdienen will
- Elisabeth und Erich haben keine Kinder und die Symbolik macht deutlich, dass sie auch keine haben werden --> Storch der fliegt, hat in der Lebenswirklichkeit nichts zu bedeuten, wenn aber in der Geschichte ein Storch sich auf der Spritfabrik und nicht auf dem Wohnhaus niederlässt, bedeutet es, dass keine Kinder kommen

## 4.	Gegenwartsbezug
- beginnt in der Gegenwart und erinnert sich an die Vergangenheit --> nicht deutlich, wie alt der Mann ist und wie lange er sich zurück erinnert

## 5.	Verklärung/Humor
- Ende: „Er sah nicht rückwärts; er wanderte rasch hinaus; und mehr und mehr versank hinter ihm das stille Gehöft, und vor ihm auf stieg die große weite Welt." --> seine Zukunft warten außerhalb von Elisabeth auf ihn

TheodorStorm: Der Schimmelreiter (1888)

- es geht um den ehrgeizigen aber verschlossenen Hauke Haien, der sich in der Mitte des 18. Jahrhunderts dank seiner wissenschaftlichen Kenntnisse und seines Tatendrangs vom Kleinknecht zum Deichgraf hocharbeitet und Elke, die Tochter seines Vorgängers heiratet; die abergläubische Angst der Dorfbewohner vor Haiens geheimnisvollen Schimmel isoliert ihn im Dorf
- Haien hat gesellschaftliche Konflikte mit der Umwelt --> wegen Neid auf seinen Erfolg behaupten manche, dass er das Amt nur seiner Frau verdanke, was Haien durch den Bau eines neuen, genial konstruierten Deich widerlegen will --> neues Land wird für das Dorf erschlossen, was allerdings zu großen Teilen Haien selbst gehört und die Uneigennützigkeit seines Plans in Zwielicht bringt
- bei einer Sturmflut, die den alten Deich durchbricht, ertrinken Elke und Wienke, Haiens schwachsinnige Tochter und Haien stürzt sich mit seinem Schimmel in den Bruch --> aus Sühne für seine Schuld? oder als Verzweiflungstat? oder mythisch heroisches Opfer für das Wohl des Dorfes?
- Hauke Haien Deich steht auch nach hundert Jahren immer noch --> immer wenn eine Strumflut droht geistert Hauke Haien auf seinem Schimmel als ruheloses Gespenst über den Deich
- Unterschiede zu Novellen der fünfziger und sechziger Jahre: historische Patina, große Gestalt und zu dramatischer Strenge tendierender Formanspruchs --> knapper chronikalischer Stil und handlungsstarkes Geschehen
- Ursprung des Schimmelreiterstoffes: Storm kennt ihn schon seit seiner Jugend und möchte ihn aber erst 1885 zu einer Novelle schreiben; gibt viele verschiedene Personen, die als Vorlage gedient haben könnten und Storm hat ausführliches Quellenstudium betrieben
- Aberglaube (Dorfgesellschaft) vs. Wissenschaft (Hauke)

1. Rahmung der Novellen
   - mythische Deichsage wird von Schulmeister einem Reisenden erzählt, der sie dann niederschreibt --> doppelter Rahmen bezweckt zeitliche Distanz zum Geschehen, die die Stilisierung zum Legendenhaften erhöht, und andererseits eine Widerlegung des dumpfen friesischen Aberglaubens durch den aufklärerischen Schulmeister
   - drei Erzählebenen:
     → Erzähler berichtet, wie er einst von einer Geschichte erfahren hat im Hause seiner Urgroßmutter als er noch ein Kind war: Gegenwart
     → Danach wird Rahmenerzählung konstruiert (ca. 1830): ein Reisender erzählt, wie er sich mit dem Pferd bei Sturm und Regen von einem Besuch bei Freunden auf den Heimweg macht; bei dem Ritt auf dem Deich glaubt er die Geräusche eines weiteren Reiters zu hören, kann jedoch beim Zurückschauen niemanden entdecken; sieht, wie ein Schatten an ihm vorbeizieht: Schimmelreiters, der sich mitsamt seinem Pferd in die Fluten der aufgebrachten Nordsee stürzt; Reisende sieht schließlich in der Ferne

die Lichter einer Gastwirtschaft, kehrt dort ein und berichtet von seinem Erlebnis, anwesende Gäste werden von seinen Worten in Unruhe versetzt
→ alter Schulmeister beginnt – als Binnenerzähler und in der dritten Ebene – die Geschichte des Hauke Haien zu erzählen (ca. 1750) ; Binnenhandlung wird an bestimmten Stellen zur Steigerung der Spannung wieder durch den inneren Rahmen unterbrochen, der im Gegensatz zum Äußeren auch wieder abschließt

2. Realitätskompatibilität (Kausalität)
   • Zeit ist das beginnende bürgerliche Unternehmertum --> dynamische Kräfte eines sozialen Standes, der den überlebten Absolutismus ablöst --> Gestaltung der Umwelt wird eigene Aufgabe

3. Symbolik
   • Aberglaube vs. Vernunftdenken --> Schulmeister/alte Wirtschafterin Antje Vollmers, die die Geschichte ganz anderes erzählt hätte; Hauke vs. die anderen Dorfleute, die denken, der Deich hält nur, wenn etwas lebendiges mit begraben wird
   • Haukes Liebe gilt Frau und Tochter. Zu Hause, geschützt von allen bösen Einflüssen, ist er der liebevolle und fürsorgliche Ehemann und Vater; verlässt er dieses Umfeld, wird er wieder von Ehrgeiz und Machtansprüchen überwältigt
   • Gegensatz zwischen der Familie Haien und der Dorfbevölkerung: Elke und Hauke, beide rational denkend, wissenschaftlich orientiert; abergläubische Bevölkerung --> Ole Peters
   • Dorfbewohner entdecken Zeichen, die nichts Gutes ahnen lassen --> Hahn wird von der Kirchturmspitze geweht, sei es, im Hochsommer fällt Schnee
   • Hauke Haien rückt immer mehr ins Zentrum der abergläubischen Vorahnungen --> mysteriöse Herkunft seines Schimmels, von dem die Dorfbewohner sich erzählen, er sei des Teufels. Wie sonst sollte das Pferdegerippe am Strand verschwunden sein, wenn nicht durch die Hand des Teufels?
   • Hauke lehnt sich in aller Öffentlichkeit gegen den Aberglauben der Leute auf --> rettet Hündchen
   • Haukes Leben ist gekennzeichnet davon, dass er die Natur beherrschen möchte
      → am Ende bäumt sich der Schimmel auf, doch Hauke drückt ihn mit seinem Gewicht hinunter und zwing ihn so, sich in die Fluten zu stürzen
      → neuer Deich, soll Meer in die Schranken weisen
      → „Ihr könnt nichts Rechtes", schreit er in den Sturm hinaus, „so wie die Menschen auch nichts können" --> Überheblichkeit
      → scheint zunächst das Meer zu bezwingen, aber die Sturmflut zerstört wenigstens den alten Deich und lässt sich von Menschen und Technik nicht beherrschen

- → Hauke spricht Gott die Allmacht ab und bekommt zur Strafe eine
  geistig behinderte Tochter
- Haukes Schicksal von Anfang an von Aberglaube durchsetzt
  - → sieht schon als Junge große dunkle Gestalten aus dem Meer aufsteigen
    und erinnert sich an eine norwegische Gespenstergeschichte --> wird
    später selbst zu einem solchen Geist aus dem Meer
  - → Trien' Jans verflucht ihn, als er ihre Katze tötet
  - → Knechte sehen einen Geisterschimmel auf der Hallig, wo ein
    Pferdegerippe liegt --> Hauke kauft ein so mageres Pferd, „dass man
    jede Rippe zählen konnte"
- Elke erzählt Hauke von den Deichopfergeschichten und schlingt dabei
  schützend die Arme um ihren schwangeren Leib --> sie und ihr Mädchen
  werden später praktisch zu Deichopfern
- Aberglaube und reale Berichte gemischt: Hahn fällt von Kirchturm, wie
  Schnee fällt etwas vom Himmel --> vermutlich Insekten, danach die
  abergläubischen Berichte von der Magd Ann Grete: Blut fällt vom Himmel,
  Totenköpfe im Waschbecken des Pastors
- Trin' Jans sagt während sie stirbt: „Gott gnad de annern!"; Hauke wiederholt
  das fast wörtlich, wenn er stirbt: „Herr Gott, nimm mich, verschon die
  andern!"
- Tod ist allgegenwärtig in der Novelle: die Väter, Trin, schwere Krankheiten
  von Elke und Hauke und das Meer

4. Gegenwartsbezug (zeitlich, räumlich)
   - durch die Rahmenerzählung wird das vergangene Geschehen an die Gegenwart
     herangezogen
   - Geschehen wird verlegt von der Weichsel an die nordfriesische Küste;
     Gasthaus „Schimmelreiter-Krug", Sturm hat selbst einen befreundeten
     Deichgrafen in der Nähe beerdigt
   - Storm beschäftigte sich schon seit seiner Jugend mit Spukgeschichten
   - Vorlage für Hauke Haien --> Hans Momsen
   - Sturmflut in der Heike gestorben ist, ist nachweisbar
   - Viele in der Gesellschaft leben isoliert --> Trien' Jans, aber auch Hauke und
     Elke, die beide ohne Mutter aufwachsen und sich nie in die Dorfgemeinschaft
     einfinden können
   - Elke versucht als Frau das wieder gutzumachen, was ihr Mann mit seiner Härte
     verursacht hat
   - Hauke wächst komplett in einer Fraulosen Umgebung auf und hat bis er Elke
     trifft nichts von einer warmen Liebe, die nur Frauen geben könnten (wie Elke
     nach dem Tod von Haukes Vater betont)
   - Hauke als Prototyp des „gründerzeitlichen Übermenschen", dessen Scheitern in
     seiner Selbstüberschätzung gegründet ist --> Kritik Storms an den
     gesellschaftlichen Veränderungen in den späten 1880er Jahren des deutschen
     Kaiserreichs

- Hauke zu rationaler Vernunftmensch, um das Irrationale in der Natur zu begreifen
- Frage nach der Existenz von Hauke Haien bleibt für den Leser offen, ebenso was Fakt und was Fiktion ist --> muss jeder selbst für sich entscheiden
- Ironie der Geschichte: Hauke, der zu Lebzeiten nichts von Aberglauben wissen wollte, wird nach seinem Tode durch die Dorfbewohner zu einer immerwährenden Legende gemacht, die jeder kennt
- Warnung an die Gesellschaft vor unsozialen Führerfiguren und deren Folgen

Gottfried Keller: Romeo und Julia auf dem Dorfe

- Keller steht in der Tradition der Novellistik --> Abgrenzung zu Storm, bei Keller gibt es wieder Novellensammlungen, keine Zyklen wie Boccaccio sondern eigenständige Geschichten aneinander, die durch Vorwort verbunden werden
- Die Leute von Seldwyla (1856/1873-75) und Züricher Novellen(177/1889) --> bekannteste Sammlungen

Die Leute von Seldwyla

- Einzelgeschichten stehen für sich, aber alle spielen in Seldwyla oder der Umgebung --> in der Einleitung wird der Ort genauer erläutert und es wird klar, dass es darum geht Schweizer Besonderheiten, Charakteristika des 19. Jahrhunderts hervorzuheben --> lustige/ironische (Kleider machen Leute) und ernste Geschichten (Romeo und Julia auf dem Dorfe)
- satirische Konzeption im Vorwort --> Spießbürgertum spielt sich dort ab
- werden aber nicht Geschichten erzählt, die charakteristisch sind sondern Besonderheiten, die aber doch irgendwie zu Selwyla passen, werden geschildert

Romeo und Julia auf dem Dorfe

- Hintergrund: 1847 las Keller in einer Zeitung davon, dass sich ein junges Paar, dessen Eltern verfeindet waren und die deswegen nicht heiraten durften umgebracht hatten, mit einem Schuss in den Kopf
- Keller liefert in der Novelle den Grund für die Feindschaft, während Shakespeare dies offen lässt
- schon Titel allein zeigt Programm des Realismus --> ein hoher Stoff wird herunter gebrochen auf normale dörfliche Situation projiziert
- zu Beginn entschuldigt sich Keller dafür, dass er die Geschichte überhaupt erzählt, weil es ein Plagiat ist, das sie aber erzählenswert ist, weil sie aus der Lebenswirklichkeit stammt
- authentischer Selbstmord eines Paares, das nach Shakespeare stilisiert wird, aber ganz anders lokalisiert, nicht unter Adel, sondern auf dem Dorf --> schon Shakespeare-Stoff ist nicht von ihm, sondern Pyramus und Thisbe (um 1 - 8 n. Chr. geschrieben von Ovid, griechische Antike)
- Sali und Vrenchen sind das Paar --> Geschichte beginnt, als sie wirklich noch Kinder sind
- Väter sind stattliche Bauern, scheinbar ist jede Familie intakt, Äcker der Väter liegen leicht von einander getrennt, dazwischen ein fremder Acker, der niemandem gehört --> jeder nimmt sich abwechselnd eine Furche mehr, wirft Steine, die er nicht brauchen kann auf das Brachland dazwischen, Väter kommen sich immer näher und über dem Acker auf den eigentlich niemand ein Anrecht hat, kommt es zum Streit und auch die Kinder sind mehr und mehr betroffen
- Väter streiten sich so sehr über den Acker, dass sie sich ruinieren --> teure Gerichtsverhandlungen; Manz verarmt als erster und muss in die Stadt ziehen und eine schäbige Gaststätte aufmachen --> wie alle veramten Seldwyler fischen Manz und Marti

- Kinder begegnen sich erst nach langem Abstand (12 Jahre) nachdem Familien schon ruiniert sind wieder beim Fischen und verlieben sich
- Vrenchen wird bei einem Streit von ihrem Vater bedroht, Sali greift ein und schlägt diesen mit einem Stein, sodass er zum Trottel wird --> Belastung für das Liebesverhältnis
- Vrenchen und Sali müssen versuchen Anstellung zu finden jeweils, weil die Familien ruiniert sind, bevor sie sich trennen, wollen sie sich noch einen richtig schönen Tag machen --> letzter Tag nimmt ein Drittel der Erzählung ein
- Vrenchen phantasiert vor ihrem endgültigen Weggang von ihrem Haus davon, ein schönes Leben mit Sali als reiche Stadtfrau zu führen, weil Sali im Lotto gewonnen hat --> weiß, dass sie niemals mehr hierher zurück kommt, den ganzen letzten Tag werden sie von anderen für ehrbare Brautleute gehalten, der letzte Tag ist vor allem eine Phantasie
- beim Kirchweihfest am letzten Tag, werden die beiden erkannt und müssen zu einem anderen Fest, in den Phantasiegarten, wo nur die Heimatlosen feiern, dort kommt es unter der Leitung der Figur des schwarzen Geigers (Teufels- und Todesassoziation) --> vollzieht fiktive Hochzeit zwischen Vrenchen und Sali, dann Hochzeitsnacht, dann besteigen sie ein gestohlenes Heugeladenes Boot, verbringen die Nacht, treiben mit dem Boot das Fluss hinab und lassen sich am Morgen ins Wasser gleiten und sind tot
- dem schwarzen Geiger gehört das brachliegende Land --> dieses ist der Auslöser für alle Ereignisse, die später zum Suizid des Paares führen
- kommt nicht auf die Geschichte an, die ist trivial, Leute verlieben sich unglücklich und bringen sich um --> wichtig ist, wie sie sich mit Blick auf das große Vorbild literarisieren kann
- die Armut ihrer Eltern ist der Grund, warum sie nicht zusammen sein können, nicht die Feindschaft an sich (wobei die Armut durch die Feindschaft entsteht) --> Ihre Erziehung verbietet es ihnen mit dem schwarzen Geiger ein Leben fern der Gesellschaft zu leben

1. Rahmung der Novellen
   - Einordnung in den Gesamtkomplex der Erzählungen in Seldwyla

2. Realitätskompatibilität (Kausalität)
   - realitätsnah, weil es häufig passiert, dass sich Leute unglücklich verlieben und sich deswegen vielleicht auch umbringen

3 Symbolik
   - jedes Symbol wiederholt sich --> ist so in der Lebenswelt nicht zu finden
   - Paar bringt sich im Wasser um und lernten sich auch schon im Zusammenhang mit Wasser lieben --> Eltern fischen und streiten sich deswegen und das Pärchen will den Streit schlichten, dort verlieben sie sich und auch das Symbol des Todes: „Aber ihre Kinder atmeten kaum und waren still wie der Tod" und Motiv Wasser und Fische kommt auch --> kommt in der Novelle immer wieder vor

- Selbstmord am Ende ist auch mit Wasser und Fischen motiviert --> enger Zusammenhang der Symbole --> Autor kann zeigen, welche literarische Leistung er vollbringt
- Fluß spiegelt immer die Lebenssituation der Figuren wieder, ruhig fließender Fluß, als noch alles in Ordnung ist, tosender Fluß gegen den man anschreien muss, beim Streit
- schwarzer Geiger taucht immer wieder auf --> vermutlich der Besitzer des Ackerstücks um das die Eltern streiten
- Motiv der unterschwelligen menschliche Grausamkeit und Aggression und Gewaltbereitschaft --> Puppenszene, zeigt im ersten Teil der Geschichte, dass es kein gutes Ende nehmen wird --> menschliche Grausamkeit, die dazu führt, dass sich Liebende umbringen müssen?
- Puppe wird wie später Vrenchens Vater mit einem Stein verletzt und dann von den Kindern nach und nach zerstückelt, wie das Leben und ihre Familien; das Begraben der lebendigen Fliege ist wie die Einweisung Martis ins Irrenhaus --> ein „lebendiges Begräbnis"
- Blumen --> Mohn weißt hin auf Rausch, Vergessen und Todesschlaf am Ende der Erzählung
- Vrenchen bekommt von Sali ein schönes Lebkuchenhaus, das als Symbol für ihr Glück steht, als es kaputt geht, ist es Zeit sich umzubringen
- Steine --> Steine kommen auf das Felddreieck und mit einem dieser Steine schlägt Sali Vrenchens Vater zum Narren; wachsender Steinberg ist Symbol für wachsender Schuldenberg der Familien und ihren Weg in den Abgrund; Motiv der Steine steht für Unfruchtbarkeit, Wildnis, Tod und die Zerstörung der Harmonie zwischen den beiden Familien.
- Vorausdeutungen auf den Tod --> Traum von Sali, bei dem er mit Vrenchen spazieren geht und auf einmal im Himmel ist, Bäuerin die Vrenchens Bett kauf sagt dass wer sie habe im Himmelreich sei
- Wetter --> als alles noch „in Ordnung" war, wird Natur wie im Bilderbuch beschrieben: „eine fruchtbare, wohl bebaute Ebene", „ein schöner Fluß", „ein sonniger Septembermorgen", Als Manz und Marti in Feindschaft leben bekommt Natur andere Beschreibung --> „vorausgesagt", dass es einer Streiterei kommen wird --> „ein ziemlich tiefer und reißender Bach", „da der Himmel voll Gewitterwolken hing"; Beim Zusammentreffen, als sie sich anschreien und wütend auf sich losgehen: „rauschen die Wellen des Baches stärker", „fangen jetzt auch die Weiden am Bache gewaltig an zu rauschen im aufgehenden Wetterwind"; Doch als Sali mit Vrenchen in Berührung kommt, während sie versuchen ihre Väter auseinander zu bringen, erhellt plötzlich ein Wolkenriß das Gesicht des Mädchens. Hier und noch an denjenigen Stellen, wo Sali und Vrenchen sich treffen, wird in der Landschaft die glückliche Stimmung der beiden wiedergespiegelt: „tiefblauer Himmel", „keine Wolke am reinen Himmel", „der Wald war grün, der Himmel blau"

5. Verklärung/Humor
- unrealistische Darstellung des Ertrinkens --> aber genau darauf kommt es an --> im Naturalismus genau umgekehrt

Gottfried Keller: Kleider machen Leute

- entstand Ende der 1860er Jahre geschrieben im Zyklus „Die Leute von Seldwyla"
- armem Schneider wird auf Umwegen eine Grafenrolle aufgedrängt, wodurch er zu Ansehen und Vermögen kommt
- wie wird aus einem poetischen (romantischen) Träumer ein (realistischer) tüchtiger Bürger (Kritik an der Romantik, dass diese nicht „überlebensfähig" ist)
- Im Einleitungssatz werden „ein armes Schneiderlein" und „Goldach, eine kleine reiche Stadt" kontrastiert gegenübergestellt
- Strapinski wird vorgestellt als armer Mann, der Lohn und Arbeit verloren hat; Lage wird verschlimmert, weil er im November während es kalt ist wandern muss; hat für seine Verhältnisse feine Kleidung und regelmäßige Gesichtszüge, die ihm „ein edles und romantisches Aussehen" geben --> ist wegen seinem Aussehen ein Außenseiter bei den Schneidern
- Äußeres wird von seiner Umwelt als Zeichen interpretiert
- feine Kleider aus Unzufriedenheit des Schneiders mit seinem Beruf/sozialem Status --> hätte die Möglichkeit gehabt etwas Besseres zu werden und hat es wegen seiner Mutter nicht getan
- Es findet keine direkte Kommunikation zwischen Strapinski und Goldacher Gesellschaft statt --> einziges Mittel ist die Reaktion der Leute auf seine Kleider --> Schlüsselstellung der Kleider in der Geschichte
- Strapinski wird vom Kutscher eines herrschaftlichen Reisewagens in die Stadt mitgenommen (der Kutscher erkennt noch, dass sich „der Fußgänger matt und kümmerlich durch die Welt schlägt", multipliziert die Kutsche die Wirkung seines Mantels und die Leute in Goldach denken, dass er ein Graf sei
- „Kinder und Nachbaren umringten schon den prächtigen Wagen, neugierig, welch ein Kern sich aus so unerhörter Schale enthülsen werde" --> Strapinski ist eigentlich der Kern, hat aber eine doppelte äußere Schale, alles was er in der folgenden Zeit tut, wird so gedeutet, dass es darauf hinweist, dass er reich und vornehm ist: langsames Essen und Trinken ist eigentlich au schlechtem Gewissen, wird aber als vornehm angesehen, genauso, dass er nichts sprich; als er dann doch viel isst, sagt der Wirt er habe „nur Generäle und Kapitelsherren so essen sehen"
- Kutscher erlaubt sich den Spaß und behauptet Strapinski wäre ein Graf
- Strapinski wird in die Rolle des Grafen gezwungen -> ihm wird die Chance eine eigene Identität außerhalb der Schneiderrolle zu finden genommen
- Gesellschaftsschichten werden mit guten/schlechten Eigenschaften dargestellt (typisch für Realismus)
- Keller kritisiert das Verhalten der Gesellschaft nach dem Streben nach Oben
- Goldacher sehen was sie sehen wollen: Köchin interpretiert nur die Zeichen, die ihre (voreingenommenen) Gedanken bestätigen --> Wissen über Leben und Schicksal wir aus der Trivialliteratur entnommen
- Strapinski kann zufällig einiges, was sich die Leute von Goldach für einen Grafen erwarten --> Wissen über Pferde und Kutschfahrten
- während Strapinski erst unfreiwillig in die Rolle des Grafen gerät, versucht er sich später durch Lauschen anzueignen, was sie eigentlich von ihm erwarten

- komplexes Verhältnis zwischen Täuschung und Realität, zwischen Schein und Sein unter gesellschaftskritischem Aspekt auf.
- „So wird am Ende der märchenhafte Triumph der Fortuna, wenn auch in der reduzierten Gestalt eines realen, bürgerlichen Eheglückes, dem Helden nur dadurch geschenkt, weil die Liebe alle die Masken überwindet"
- Gottfried Kellers Novelle kritisiert die aufkommenden Spekulationen mit dem auch durch die Lotterien vermittelten materiellen Glücksversprechen, die allen Entscheidungen der Bürger zugrunde liegende überhöhte Bedeutung des Geldes sowie die Unterwürfigkeit gegenüber der Oberschicht, die ohne zu arbeiten ihren müßigen Alltag in Saus und Braus bestreitet, während das arbeitende Volk vom Reichtum ausgeschlossen ist.
- nach Tugenden benannten Stadtgebäuden, in denen anstatt Tugend Gewinnstreben, stupide Langeweile und Beschränktheit hausen; auch Kutschen haben Namen: Fortuna (Schicksal), Bethesda (Wunderzisterne mit heilenden Kräften in Jerusalem/Bibel)
    - Goldacher wollen ihr banales/minderwertiges Alltagsleben verstecken
    - Häusernamen enthalten Hinweise zur Kunst -> „...Goldacher erfreuten sich der Vergangenheit und der Gegenwart und sie taten auch recht daran"
    - zeigt das Kunst und Geschichte zusammengehört -> typisch für Realismus
- Nettchen erkennt den „Schein" in dem sie alle gelebt haben und findet so den Weg in die Realität(entwickelt sich vom romantischen Handeln zum Realistischen) , sie bleibt bei Strapinski auch wenn er ein armer Wandersmann ist und allen Spöttern zum Trotz --> Strapinski erlebt nun genau den Aufstieg, den er sich immer gewünscht hat und kann ohne Schein in der Realität leben --> Alles Doppeldeutig: schon allein Name Gold-ach
- Maskentanz der Seldwyler ist Toten- und Gespenstertanz einer Gesellschaft, die aufgrund ihrer Trivial- und Boulevardklischees zunächst einen Schneider in eine Grafenrolle hineindrängt und ihn dann durch strafende Entlarvung foltert und fallen läßt – nicht anders wie unsere ‚gute' Gesellschaft mit zunächst ‚hochgejubelten' und hofierten Schwindelexistenzen heute noch tut, ohne zu sehen, wie sie in solchen Totentänzen sich selbst darstellt und richtet
- Märchenmotiv vom tapferen Schneiderlein, das einen Tag König sein darf --> Strapinski fügt sich erst richtig in sein Schicksal, als er sich verliebt, dann kann und will er nicht mehr fort
- Zeitaktualität --> Strapinski ist Pole --> Polenaufstände
- Strapinski selbst hat immer schon geträumt reich und angesehen zu sein, die Bürger von Goldach haben gegen ihre Langeweile schon lange auf einen solchen Menschen gewartet und Nettchen sagt schon seit ihrer Schulzeit, dass sie nur einen solchen heiraten wird
- am Ende produziert Wenzel Tuch für die Seldwyler, keine Phantasien mehr, verliert dabei das Aussehen des poetischen Romanhelden --> wird behäbig und beleibt
- Poesie und Sicherheit gehen nicht zusammen im Fortschreiten der bürgerlichen Gesellschaft
- entlarvt wird Wenzel durch ein Schauspiel --> nachdem er selbst so lange geschauspielert hat

Gottfried Keller: Das verlorne Lachen (1873)

- Jukundus Meiyentahl (symbolisiert Natur) lernt Justine Glor (Gloria --> gesellschaftliche Geltung) und deren Familie in Schwanau kennen
- Jukundus gilt zunächst nicht als passender Heiratskandidat, weil er nicht so reich wie die Familie Glor ist --> Jukundus lebt in Seldwyla bei der Mutter --> von auswärts mitgebrachtes Vermögen ist fast aufgebraucht
- Jukundus hat ohne Erfolg erst in einem Ingenieurbüro, dann bei einem Kaufmann, dann als Hauptmann gearbeitet --> kann einem von Justines Brüdern - aus einer ärgerlichen Duell-Patsche helfen
- Besser als mit Justines reichen Eltern und stolzen Geschwistern kommt Jukundus mit Justines immer noch einfach lebenden Großeltern aus --> bewohnen ein eigenes Anwesen auf einer Anhöhe über Schwanau
- Das junge Paar heiratet, wohnt in Seldwyla bei Jukundis Mutter --> Jukundus quittiert Militärdienst, wird Holzhändler, bekommt durch Zerstörung der Natur aber Gewissensbisse, außerdem schlechter Händler, weil er alles glaubt, was man ihm erzählt --> Finanzielle Not; ziehen, zu Schwiegereltern, auch im Geschäft seiner Schiegereltern versagt er
- Justine --> Vertreterin modernen ökonomischen Denkens, hasst und verachtet Armut, wenn sie in ihre eigenen Lebenskreise vordringt
- Justine engagiert sich im „wunderlichen Reformwerke" des Pfarrers von Schwanau --> Jukundus ist aber ganz anderer Ansicht und die Eheleute zerstreiten sich: „Von diesem Augenblicke an war aus dem Gesichte der beiden Ehegatten jenes anmutige und glückliche Lachen verschwunden, so vollständig, als ob es niemals darin gewohnt hätte."
- Jukundus begibt sich in die Landeshauptstadt findet einen guten, zu ihm passenden Job --> schließt sich Denunzianten an, die sich insbesondere ehrbare Bürger vornehmen
- Wirtschaftskrise erschüttert und ruiniert schließlich das reiche Haus Glor --> Justine lernt so sich einzuschränken und selbst zu arbeiten (erst danach kann sie eine gute Ehefrau für Jukundus sein und er erst ein guter Ehemann, nachdem er endlich beruflich Fuß fasst)
- Jukundus sucht mit einem „Verzeichnis anzuschwärzender Biederleute" das Ölweib auf; Justine besucht ihre Bekannten Ursula und Agathchen --> erhofft sich von ihnen durch ihre Religion ihr verlorenes Glück wieder, bemerkt aber, dass ihr Glück nichts mit Religion zu tun hat
- Gatten fallen sich um den Hals --> „das verloren gewesene Lachen kehrt in ihre Gesichter zurück" --> In der Stadt lebt das Paar glücklich und bekommt zwei Kinder
- Lachen kehrt in einer Baumschule zurück --> Wald wird wieder aufgeforstet
- Der Schwanauer Pfarrer „war dann froh, durch Jukundis Vermittlung in ein weltliches Geschäft treten zu können, in welchem er sich viel geriebener, und brauchbarer erwies, als Jukundus selber einst in Seldwyla und Schwanau getan hatte; denn er, der Pfarrer, glaubte nicht leicht, was ihm einer vorgab."
→ Kritik am religiösen Glück: Ursula findet dieses weder im Katholizismus, noch bei den Urchristen, noch in der reform-theologischen Bewegung

→ Gegenmodell zur hektischen, industrialisierten Welt auf dem Berg bei den Großeltern
→ große, alte Eiche als Symbol für die Natur und das ruhigere Leben gegen die grenzenlose Verwertungsabsicht und Gewinnsucht der Bevölkerung
→ Jukundus und Justine haben beide genau das gleiche Lachen und definieren sich auch darüber, das Lachen ist ein Symbol für ihre Liebe, als die Liebe beginnt zu zerbrechen verschwindet auch das Lachen

Conrad Ferdinand Meyer: Das Amulett

- Das Amulett (1873)
  - Besonderheit: verarbeitet historische Stoffe, geht bewusst weg von der Gegenwart, Bindung an Gegenwart im Amulett, andere seiner Novellen verzichten auf diese Einbindung
  - Techniken des Romanerzählens werden auf Novellen übertragen --> Roman ist vor allem historischer Roman in der zweiten Hälfte des 19. Jahrhunderts
  - Manuskriptüberlieferung bei das Amulett, wird seit der zweiten Hälfte des 18. Jahrhunderts in Roman häufig gemacht

→ **stellt historische Sachverhalte in den Mittelpunkt**

→ interessierte sich für Kunstgeschichte, Geschichte und Psychologie

- Rückt Personen in den Mittelpunkt seiner Novellen, die scheitern, da sie im Intrigenspiel nicht mitmischen können und auch nicht im Mittelpunkt stehen wollen
- Geschichten vor allem in der Renaissance angesiedelt
- Ausnahmegestalten, bedeutende historische Persönlichkeit gehören mit in die Geschichten → äußerst selten
- Hang zum pathetischen, nicht Unbedeutendes wird thematisiert
- Gesellige Rahmensituation wie bei Boccaccio wird aufgenommen
- Fremdartige Kulisse für normalen bürgerlichen Leser → Fürstenwelt der italienischen Adelshäuser
    → „Immensee" dazu ganz normale Kulisse, Spaziergänger ohne heroische Züge
- auch andere Schriftsteller fanden Meyers Rahmenhandlungen seltsam, gekünstelt, affektiert → realistisches Konzept steht dahinter
- Meyers Novellen beziehen Stoff nicht aus alltäglicher Lebenswelt → stehen im Kontrast zum Realismus → trotzdem eng mit dem Realismus verbunden → auch das historische Interesse zeigt sich im Realismus, allerdings normalerweise nicht die Italienische, sondern Deutsche Geschichte
- Gedanke von der Geschichtlichkeit des Daseins ist im 19. Jhd. ganz wichtig
- Realistisches Schreiben ist nicht von Sehnsucht der Flucht aus der Gegenwart getragen wie spätromantischen Ritterromane, sondern aus historischer Perspektive soll die Gegenwart verstanden werden, um politische Entwicklungen besser zu verstehen
- Liebe zum Detail → nicht nur historische Handlungen stehen im Mittelpunkt Meyers Handlungen, sondern auch Unbedeutendes, detaillierte Beschreibungen von Innenräumen und Kleidung
- Darstellerische Objektivität der Erzählweise: davon sprachen Realisten selbst und das forderten sie → „rein objektive Dichter" → Erzähler soll als kommentierende Instanz zurücktreten und sich nicht einmischen, nicht bewerten
- Streben nach Objektivität --> Zurückhaltung und Lücken des Erzählers bei Immensee weil er lieber Personen und ihre Sichtweisen zu Wort kommen lässt → keine Allwissenheit, es wird nur beschrieben, was zu sehen ist; auf Mutmaßungen angewiesen
- Bei Meyer noch etwas komplizierter → kein oder selten allwissenden oder kommentierender Erzähler, aber multiperspektivisches Darstellen → bewirkt, dass Subjektivität der Figuren stärker zur Wirkung kommt (kann zur Verwirrung führen)

- Hans Schadau (geboren 1553) stammt aus einer calvinistischen Kriegerfamilie und wächst nach dem sein Vater im Krieg gefallen ist, bei seinem Oheim am Bieler See im Schloss Chaumont auf
- Geschichte der Freundschaft zwischen Schadau und Boccard und der Liebe zu Gasparde in der Zeit der Hugenottenkriege in Paris

1. Rahmung der Novellen
   - „Alte vergilbte Blätter liegen vor mir mit Aufzeichnungen aus dem Anfange des siebzehnten Jahrhunderts. Ich übersetzte sie in die Sprache unserer Zeit" --> Eindruck von Wahrheit der Geschichte, keine persönliche Stellungname --> ist nicht Schadau
   - zweite Rahmenhandlung: Schadau will von Boccards Vater ein Waldstück kaufen, wird deshalb an diesen erinnert und erinnert sich an die ganze Geschichte

2. Realitätskompatibilität (Kausalität)
   - dichter Erzählstrang des Ich-Erzählers, dessen Geschichte logisch und konsequent ist und dessen Motivation nachvollziehbar ist

3. Symbolik
   - Dingsymbol: das Amulett
     - → bildet den Auftakt und reg Erzähler an, sich an die Ereignisse zu erinnern
     - → repräsentiert Schutz vor dem Tod --> rettet Schadau beim Duell mit Guiche
     - → Verbindung zwischen den Religionen --> Schadau will als Calvinist eigentlich nicht Maria verehren
     - → Boccard lässt sich erst dazu überreden Gasparde zu retten, als Schadau die Muttergottes anfleht
     - → Boccard, der viel mehr an das Marienbild glaubt als Schadau, kann von ihm nicht gerettet werden
   - Einzelschicksal wird zu etwas Besonderem, da eigentlich Konflikt zwischen Katholiken und Protestanten --> tiefe Freundschaft zwischen Schadau und Boccard, der sogar sein Leben für ihn opfert
   - Schadau wächst unter weltoffenem Oheim und strengem calvinistischen Pfarrer auf --> Grundspannung von Verstand und Herz, Logik und Liebe von Beginn an
   - in die fiktive Novelle werden historische Personen eingebunden: Admiral Coligny
   - im dritten Kapitel scheut Schadaus Pferd vor einem einschlagenden Blitz und läuft zu einer Herberge, wo er Boccard und Gasparde kennen lernt --> Zufall
   - landsmannschaftliche Freundhschaft steht über den religiösen Gegensätzen

- weiterer Zufall, der real sehr unwahrscheinlich ist --> Gasparde und Schadau können fliehen, weil ausgerechnet Schadaus ehemaliger Fechtlehrer am Tor wache hält
- Hinrichtung von Michael Servetus, weil er „die evangelische Freiheit mißbraucht" und Fanatismus des katholischen Panigarola --> keine von beiden Seiten hat Recht, Religion muss nicht zum Fanatismus führen, sonst ist sie nicht richtig

4. Gegenwartsbezug (zeitlich, räumlich)
   - Religionskonflikt in Paris ist wirklich passiert --> 10000 Hugenotten wurden in der Bartholomäusnacht ungefähr ermordet --> französische Königin hat Schuld am Massaker in der Novelle --> Historiker sind sich nicht so sicher
   - Kulturkampf in der Schweiz zwischen Staat und katholischer Kirche --> Meyer plädiert für Frieden zwischen den Konfessionen; gemeinsame Nation ist wichtiger, als verschiedene Religionen

5. Verklärung/Humor
   - „Schicksal Boccards war mit dem meinigen aufs engste verflochten..Ich habe ihn in den Tod gezogen. Und doch, so sehr mich dies drückt, kann ich es nicht bereuen und müsste wohl heute im gleichen Falle wieder so handeln, wie ich es mit 20 Jahren tat."

Theodor Fontane: „Unterm Birnbaum"

- geschrieben zwischen 1883 und 1885
- wurde in Familienzeitschrift veröffentlicht (Gartenlaube) → Buch verkaufte sich nicht so gut
- ist zwar Novelle aber auch Kriminalgeschichte

1. Rahmung der Novellen
   - keine Rahmenhandlung

2. Realitätskompatibilität (Kausalität)
   - Erzähler nimmt sich so weit wie möglich zurück, erzählt nur visuell Wahrnehmbares → „so sah man denn an dem, was herausfiel, daß es Rapssäcke waren"
   - Bezeichnend ist wie schnell man in der Situation landet → sofort an der Handlung
   - Milieu des Dorfes → schnell direkte Rede
   - genau wird erläutert, warum Hradscheck sich nicht anders zu helfen wusste, als den Mord zu begehen

3. Symbolik
   - immer mehr häufen sich die Zeichen, dass Hradscheck den Polen umgebracht hat --> Knopf von der Jacke des Mantels, Dienerschaft behauptet, dass es im Keller spuke
   - Frau kommt mit dem Mord nicht klar und wird darüberhin krank und stirbt schließlich --> hat sogar Angst, dass Hradscheck sie umbringen will, weil eine seiner früheren Liebschaften auch plötzlich verschwunden war
   - Ende von Hradscheck wird bereits im zweiten Absatz des Romans erwähnt: „Ein sorglich vorgelegter Keil hielt nach rechts und links hin die Fässer in Ordnung, so daß die untere Reihe durch den Druck der obenaufliegenden nicht ins Rollen kommen konnte" --> dieser Keil ist am Ende dafür verantwortlich, dass Hradscheck nicht mehr aus dem Keller kommt und stirbt; man erfährt nie woran Hradscheck gestorben ist --> „von der Hand Gottes getroffen"
   - Birnbaum rettet Hradscheck zumindest eine gewisse Zeit vor dem Verdacht
   - die ganze Zeit gibt es Andeutungen, dass Hradscheck vor hat, jemanden umzubringen und auch nach dem Mord, richtig weiß es der Leser aber erst später
   - Wenn zum Beispiel Szulski am Abend vor seiner Ermordung in seine Erzählung der polnisch-russischen Ereignisse einflicht:»Der Adel hat uns um dreißig Silberlinge verschachert, bloß weil er an sein Geld und seine Güter dachte. Und wenn der Mensch erst an sein Geld denkt, ist er verloren« (S. 35), so liest sich diese Stelle wie ein Hinweis auf die Ursachen der Mordtat an ihm selbst und gleichzeitig auf das Ende der Novelle, an dem auch der Täter Hradscheck verloren ist.

- „Dat's joa binoah, as ob he een' abmurkst hett" --> Jeschke als sie Hradscheck nachts beobachtet

4. Gegenwartsbezug (zeitlich, räumlich)
   - Realistischer Kern → 1834 in Oderbruchdorf Letschin, in dem Fontane einige Jahre lebte
   - Dorfbewohner sprechen teilweise in Mundart

5. Verklärung/Humor
   - Hinzu kommen Merkmale der Komödie wie die sprechenden Namen, die Leichtigkeit der Figuren, mit Schicksalsschlägen umzugehen (Hradscheck blüht nach dem Tod seiner Frau sehr schnell auf) und der humoristische Anstrich der Erzählung. So heißt es bei der Fahrt auf der Suche nach der verunglückten Kutsche des Polen: »Sah man von der Fährlichkeit der Situation ab, so war es eine wundervolle Fahrt und das sich weithin darbietende Bild von einer gewissen Großartigkeit.«

- Hradscheck und seine Frau Ursel sind erst seit 10 Jahren in Tschechin und „ziehen den Neid der Dorfgemeinschaft auf sich"
- Ursels Lebensansprüche sind sehr hoch --> „Armut ist das Schlimmste, schlimmer als der Tod, schlimmer als..." (als Mord?) --> Hradscheck versucht ihr alles Recht zu machen, kann das aber nicht finanzieren, versucht es auch mit Glücksspiel, verliert aber meist nur
- Ursel ist eigentlich katholisch, konvertiert aber in Tschechin zum Protestantismus, weswegen Eccelius der Pfarrer sehr positiv von den Hradschecks denkt; Hradscheck ist nicht religiös, aber teilweise Abergläubisch (Samen, die ihn unsichtbar machen)
- Jeschke steht für den Aberglauben und das Übersinnliche im Text und Hradscheck fürchtet sie deswegen, sie ist auch die, die Hradscheck immer misstraut; da Jeschke aber eine Außenseiterrolle im Dorf hat, glaubt ihr niemand so richtig und Hradscheck wird zunächst nicht überführt; sie streut Bemerkungen ein, die andere stutzig machen --> Spuk im Keller an Ede
- Wichtige Person, der Wirt Ratschek kommt gleich am Anfang vor → ist ein Fremder, hat sich verschuldet (mangelndes Kaufmännisches Geschickt, Spiel)
- Novelle berichtet davon wie er sich die Geldsorgen durch Mord vom Hals schaffen will → trotz Indizien kann er nicht überführt werden, erst am Schluss gräbt er den Leichnam aus und wird im Keller eingeschlossen und überführt sich damit selbst
- Dorfgeschichte wird zur Mordgeschichte → soziale Motivation des Täters ist wichtiger
- Einblick in psychische Prozesse, Schuld und Sühne
- wie andere Gesellschaftsromane Fontanes rückt Verhältnis Individuum und Gesellschaft in den Mittelpunkt, aber im Dorf und nicht in der Stadt, Probleme des Einzelnen mit der Gesellschaft

- Mentalität der Dorfbewohner (beschränkt) → kritische Dorfgeschichte, Dorf ist nicht idyllisch, man beäugt sich misstrauisch

Mord

- „Während dieses Zuschüttens aber hing Hradscheck all jenen Gedanken und Vorstellungen nach, wie sie seit Wochen ihm immer häufiger kamen. Kamen und gingen. Heute aber gingen sie nicht, sondern wurden Pläne, die Besitz von ihm nahmen und ihn, ihm selbst zum Trotz, an die Stelle bannten, auf der er stand" --> Hradscheck hat schon länger über die Tat nachgedacht, aber erst durch den gefundenen Franzosen sieht er ein geeignetes Ablenkungsmanöver kommen und beschließt wirklich den Polen umzubringen
- drei Vertuschungen: falsche Fährte (Franzose und Speckseiten, Fingierung des Unfalls von Szulski als Erklärung und die Erbschaft als Tarnung
- Ratschek wird von Nachbarin beobachtet
- Dorfklatsch entscheidender Faktor → es wird nicht gezeigt was geschieht, sondern was sich die Figuren vorstellen
- Novelle schildert nicht nur Tat und Täter sondern mit den Reaktionen des sozialen Umfeldes
- Wechsel der Erzählperspektiven erhält die Spannung
- Voreingenommenheit der Autoritäten → Polizist hat Rechnung mit dem Wirt offen
- Pfarrer will Ratschek und seine Frau reinwaschen, da sie vom Katholizismus zum Protestantismus übergetreten ist
- Bauern sind beeinflussbar → Wirkung der Handlungen des Wirtes
- Ratschek plant nicht nur Mord, sondern auch das Verhalten des sozialen Umfeldes → falsche Fährten → verübt Mord in aller Öffentlichkeit
- Auch Leser wird in Vertuschungsspiel hineingezogen
- Wirt fingiert Erbschaft, damit es nicht auffällt wenn er auf einmal Geld hat
- Mord wird nicht direkt erzählt → muss nachts in der Schlafkammer des Polens passieren, Frau spielt den abreisenden Polen vor
- Ratschek legt schon in der Mordnacht falsche Fährte → gräbt unter dem Birnbaum wo die Nachbarin ihn beobachtet → vergräbt dort alte Leiche
- Geschehen gleicht einem Schauspiel → Jedem sei seine Rolle zugeteilt (Erzähler) → Pläne scheitern aber trotzdem, Wirkung der Tat auf ihn selbst und seine Frau hat er nicht einberechnet, Schuldgefühle der Frau an denen sie stirbt, auch Wirt hat Schuldgefühle
- Hinweise, dass nicht nur rational sondern auch irrational gedacht wird von Ratschek nicht eingeplant
- Verschlossene Kellertür bringt einen eigentlich nicht um → wie stirbt der Wirt? Ersticken? Selbstmord? → eigene Interpretation
  Entscheidend für Wirkung → Leser werden wichtige Informationen vorenthalten → Kriminalerzählung, die detektivisches Lesen erfordert

Zusammenfassung

- Anschluss an das Genre der Dorfgeschichte
- Erschließung des dörflichen Milieus

- Realitätsillusion → Anfangspartie → Leser wird unmittelbar einbezogen
- Rückzug der vermittelnden Erzählinstanz (showing statt telling) → Erzählinstanz nimmt sich zurück
- Konflikt zwischen Einzelnem und Gesellschaft → nicht ganz griffiges Kriterium
- Psychologisches Interesse

Individualstil

- innovativer Umgang mit dem Genre der Dorfgeschichte: kritischer Blick auf das soziale Milieu
- Innovative Erzählweise: Herausforderung zu „detektivischem Lesen"
- Geschehnisse werden so vermittelt, dass Leser erst am Ende richtig informiert ist → Täuschungsmanöver werden erst im Nachhinein ersichtlich (z.B. wird der Mord nicht erzählt)
- Strategie des Vorenthaltens will durch markierte Aussparungen den Verdacht des Lesers wecken ohne alles zu enthüllen
- Man bekommt z.B. ohne Ton erzählt was Hradscheck und seine Frau tun → man bekommt nur erzählt was sie tun, nicht was sie sagen → beschrieben wie im Film
- Erzählung insgesamt schildert Begebenheiten von zwei Seiten, Illusion von Hradscheck wird gefolgt, ermöglicht aber auch den Blick auf die Täuschungsmanöver
- Erzählstruktur, die hohe Anforderung an den Leser stellt → grundsätzlicher Zug des späten Realismus

Wilhelm Raabe: Else von der Tanne

- Verglichen mit Storm, Keller und Meyer --> Raabe ist vornehmlich Romancier
- novellistische Form und novellistischer Blick passt zu seinem Interesse an Nebensächlichkeiten des Lebens entgegen --> ähnlich wie Conrad Ferdinand Meyers
- Raabe richtet sein Augenmerk in Novellen anders als in seinen Romanen nicht primär auf Verhältnis von Individuum und Gesellschaft oder auf Individuum als Opfer gesellschaftlicher Konventionen und Normen --> wie Meyer macht er den Menschen selbst für Fehlentwicklungen der Gesellschall verantwortlich --> egoistisches, irrationales, rücksichtsloses Handeln lasse humanes Miteinander nicht mehr zu
- Einzelner wird als Opfer, zugleich aber als Verursacher der Missstände beschrieben
- zeigt Fehler einer Gesellschaft, die Andersdenkende als Außenseiter an den Rand drängt
- Wie Meyer verlegt Raabe Handlungen seiner Novellen zumeist in die Vergangenheit; die zeitgenössische nachrevolutionäre und gründerzeitliche Gesellschaft spielt in Raabes Novellen nur insofern eine Rolle, als das historische Geschehen sich als eine Metapher der bürgerlichen Gesellschaft der Gründerzeit verstehen lässt
- In Else von der Tanne zentriert sich die Handlung um inhumanes, zivilisationsfeindliches Handeln von Menschen --> Krise der bürgerlichen Gesellschaft und der humanen Wertegemeinschaft wird hier von Gewalttätigkeit einer Dorfbevölkerung ausgelöst
- Novelle erzählt von Gewalt, von ihren Tätern und ihren Opfern, vom Unfrieden unter den Menschen, sie spielt bezeichnenderweise am Vorabend des christlichen Friedensfestes
- Ohnmächtig und hilflos stehen die Opfer Else und ihr Vater den Tätern, der Dorfgemeinschaft gegenüber
- 1636 taucht Magister Konradius im kleinen Harzdorf Wallrode im Elend auf, um seine sechsjährige Tochter Else "zu retten aus dem Chaos und der Sünde der Zeit" --> zunächst selbstgewählte Isolation, gestörte psychische Befindlichkeit durch die Verzahnung von Weltgeschehen und persönlichem Schicksal
- Magister Konradius mit seiner Tochter Else in einer Waldhütte in der Nähe eines Harzer Bergdorfes, wo er Zuflucht gefunden hat vor den Kriegsereignissen --> historischer Hintergrund der Novelle ist der 30-jährige Krieg; seine Frau und seine anderen Kinder wurden bereits erschlagen
- Dorfbewohner glauben in Konrad einen Hexenmeister zu erkennen, sein bewusster Rückzug von einer durch Krieg und Gewalt gekennzeichneten Gesellschaft nährt diese Vorstellung --> Argwohn der Dorfbewohner gepaart mit zeitgenössischem Aberglauben
- Nach Besuch der Weihnachtsmesse entlädt sich die Aggression der Dorfbewohner an den beiden --> Else wird von den Dorfbewohnern gesteinigt --> Weltgeschehen spiegelt sich im kleinen im Dorf wieder
- Für den Vater gibt es „keine Rettung in der Welt vor der Welt", es ist „keine Hoffnung und kein Licht mehr in der Welt und wird auch nimmer wieder kommen."

- Krieg fungiert als Kulisse für die menschlichen Anfeindungen und Aggressionen im Alltag, er bringt die in der Gesellschaft herrschende anarchische Destruktivität zum Ausdruck

Raabes Programmatik
- Gesellschaftlich desintegrierte Figuren, die meistens isoliert leben
- Skurrile Sonderlinge → beschädigte, verletzte, ins Abseits gedrängte Menschen
- Sollen bürgerliche Gesellschaft vom Rande aus beleuchten (bei Fontane von Innen)
- Stehen im positiven Kontrast zur Gesellschaft (sind human und mitfühlend im Gegensatz zur Gesellschaft)
- In vielen Romanen: eine biedere Erzählfigur, die Blick auf Außenseiter konzentriert und diesen in den Mittelpunkt stellt --> Pfarrer Friedemann Leutenbacher
- Soziale Abstufungen sind nicht so wichtig, Figuren werden nicht so differenziert gezeigt